Edición original: Mango Jeunesse

Título original: *Le poulain*

Adaptación: Luz Orihuela

Diseño gráfico: Sarbacane

© 2003 Mango Jeunesse

© 2005 Combel Editorial

   Caspe, 79 - 08013 Barcelona

Primera edición: febrero de 2005

ISBN: 84-7864-233-1

Printed in France by PPO Graphic, 93500 Pantin

¿Quién eres?

El potro

Textos de Colette Barbé-Julien

Combel
EDITORIAL

Un bebé muy dotado

En el mismo instante en que nace, el potro se muestra como un deportista: a la hora, ya se aguanta sobre sus largas y vacilantes patas. Pronto da sus primeros pasos a la búsqueda de la leche de su mamá. También está bien dotado para la comunicación: a la media hora de vida, ya es capaz de orientar sus orejas hacia el más mínimo ruido y guiarse por su vista. Dos horas después de haber nacido, «habla» a su madre con relinchos y comprende sus respuestas.

Animado por su madre, que le propina pequeños golpes con el hocico, el potro se levanta, cae, vuelve a levantarse y a caer. ¡Y después, ya está, es capaz de sostenerse en pie!

TÚ, ¿QUÉ OPINAS?

¿Cuándo es capaz de galopar el potro?

→ Respuesta 1: A las cuatro o cinco horas de haber nacido.

→ Respuesta 2: A los cuatro o cinco días.

→ Respuesta 3: A los cuatro o cinco meses.

La yegua lleva a su pequeño en el vientre durante once meses. A los nueve meses, el peso del futuro potro ya es la mitad de lo que pesará al nacer.

El nacimiento se produce a menudo a última hora de la noche. Unas horas más tarde, cuando ya es de día, el potro ya es capaz de correr junto a su madre si se presenta algún peligro. Crece muy deprisa: a los seis o siete meses, ¡pesa casi la mitad de lo que pesará cuando sea un caballo adulto! Luego, seguirá creciendo más lentamente hasta llegar a ser un adulto entre los tres y cinco años, según la raza. Mientras no es adulto lo llamamos potro.

La hembra se llama potranca; yegua cuando es adulta.

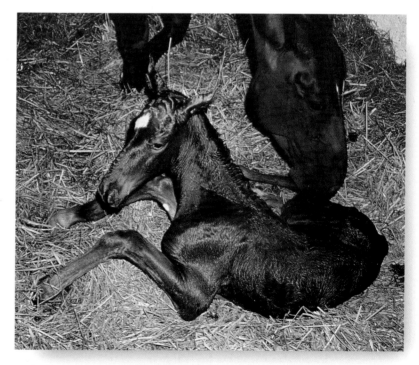

La bolsa que contenía el potro se ha roto. La madre lame a su pequeño que está completamente mojado. Ella lo huele y le sopla en la nariz: así aprenden a conocerse el uno al otro a través del olor.

cuatro o cinco horas de haber nacido.

Cuando está cansado, el potro duerme profundamente con las patas relajadas.
La madre apenas dormita pues siempre está vigilante.

Una pata para rascarse
la oreja, las otras tres para
aguantar el equilibrio:
¡el potro es un verdadero
campeón en gimnasia!

Vivir con los demás

El potro juega mucho: corre, salta, da coces, se divierte mordisqueando a su madre y a sus compañeros. A través de sus juegos, aprende a comunicarse con los otros caballos y a compartir su espacio. Debe aprender a no molestar a las yeguas que están en el prado y a mostrarse educado. Cuando los caballos viven en grupo, hay algunos que son los «jefes» y los demás les muestran su respeto.

Varias yeguas, acompañadas de sus pequeños, pueden vivir juntas en un prado. El padre, llamado semental, vive solo, en la cuadra o en otro prado.

TÚ, ¿QUÉ OPINAS?

¿Cómo muestra el potro su respeto a un «jefe»?

→ Respuesta 1: Inclinando la cabeza.

→ Respuesta 2: Moviendo la boca como si masticara algo.

→ Respuesta 3: Reculando.

Un caballo expresa lo que siente con su cuerpo, siguiendo un código muy preciso. Los movimientos de sus narices, de sus mandíbulas, de su cabeza, de las patas, de la cola y del cuerpo entero pueden expresar miedo, amistad, cólera, el deseo de ser el más fuerte y también la obediencia… Por ejemplo, si apunta con sus orejas hacia adelante, quiere decir que está atento. Si las tira hacia atrás, está expresando miedo. El potro aprende a entender estos signos y a obedecer las reglas del grupo.

Mientras juegan, los potros experimentan su carácter y prueban sus capacidades. ¿Quién es el más fuerte? ¿Quién es el más rápido?

El potro mueve la boca como si masticara algo.

Cuando se decide que han crecido lo suficiente y se los separa de sus madres, los potros se sienten un poco perdidos. La amistad que los une los ayudará a vivir sin sus madres.

Frente a este caballo adulto encolerizado, ¡el potro comprende rápidamente que debe mantener una respetuosa distancia!

Un pequeño tragón

Durante sus primeros días de vida, a veces, el potro se confunde de madre a la hora de mamar. Felizmente, su verdadera mamá no le quita la vista de encima y lo llama para que mame. Su leche es un rico alimento fácil de digerir. Ayuda a que el potro crezca deprisa. En estado salvaje, el potro mama durante un año, hasta que llega otro bebé. En la granja, se desteta, es decir se separa de la madre alrededor de los seis meses.

El potro mama muy a menudo porque las ubres de su madre son pequeñas y no contienen mucha leche. La leche de las yeguas se parece mucho a la de las mujeres.

TÚ, ¿QUÉ OPINAS?

Cuando deje de mamar, ¿qué comerá el potro?

→ Respuesta 1: Hierba y vegetales.

→ Respuesta 2: Carne.

→ Respuesta 3: Yogur y queso.

Su potente olfato permite a los caballos localizar hierba bajo la nieve: rascan el hielo con sus patas para poder comer.

En estado salvaje, los caballos pasan mucho tiempo comiendo hierba. Una vez destetado, el potro de crianza descubr otras cosas ricas: la paja, que es hierba cortada seca; los cereales, como la cebada y la avena; y los piensos preparados, que son muy nutritiv Para estimularlo a trabajar, el criador le ofrece alguna golosina: zanahorias, trozos de manzan. pan… ¡Pero hay que tener cuidado; puede enfermar si come demasiado!

Los caballos necesitan beber regularmente agua fresca y limpia.

comerá hierba y vegetales.

Junto a su madre, el potro aprende a no comer las hierbas dañinas para su salud.

Aprender a trabajar

En la naturaleza, los caballos salvajes son guiados por un semental y una yegua experimentados. En los criaderos, cuando el potro ve a su madre obedecer a los seres humanos, él mismo los acepta como jefes. Acaba por encontrar agradable que lo limpien con la bruza, es decir que le cepillen todo el cuerpo y ¡también que le den golosinas! Cuando cumple el año, una cincha que le rodea la barriga lo prepara para llevar la silla. Uno o dos años más tarde, aceptará la silla, después el freno y las riendas.

Mantenerse tranquilo en un box parece fácil, pero para ello se necesita un aprendizaje. ¡Su instinto natural es huir!

TÚ, ¿QUÉ OPINAS?

¿Por qué, a veces, el potro mordisquea el brazo de quien lo limpia?

→ Respuesta 1: Porque es agresivo.

→ Respuesta 2: Porque se aburre.

→ Respuesta 3: Porque los caballos se acicalan mutuamente mordisqueándose.

El potro aprende, poco a poco, a comportarse según las reglas de los humanos, sin mordisquear ni siquiera para jugar. Al principio, tiene miedo de lo que rodea a las personas, como los perros, los tractores o los coches. Luego, se acostumbra. Finalmente, aprende a llevar a un jinete y a ejecutar movimientos simples: avanzar, detenerse, girar. Estos primeros conocimientos son la base de todas las actividades que tendrá que realizar cuando sea adulto.

**El trabajo con el ronzal es el primer ejercicio que el potro debe ejecutar.
Aún no lleva silla ni riendas.**

mutuamente mordisqueándose.

Descubrir el mundo en compañía de la madre es más tranquilizador para el potro. Así, también aprende a marchar al ritmo del hombre en lugar de brincar.

Desde las primeras semanas, el potro debe aceptar el cabestro y el ronzal, equivalentes al collar y a la correa del perro.

Una vida muy intensa

Entre los caballos salvajes, las potrancas pueden ser madres a los dos años. Los machos de esa misma edad son expulsados por su padre, el semental. Viven entre solteros, esperando conquistar una hembra. Los potros y las potrancas domésticos primero deben mostrar sus cualidades en el trabajo: los que obtienen los mejores resultados son elegidos para la reproducción. Así, los criadores conservan las características de cada raza.

Los potros purasangres son los más precoces: trabajan a partir de los 2 años. Obtienen sus mejores resultados entre los 3 y los 5 años, edad en la que los potros de otras razas aún están en el aprendizaje.

TÚ, ¿QUÉ OPINAS?

¿Qué diferencia de tamaño existe entre un potro y una potranca?

→ Respuesta 1: Los potros son más grandes.

→ Respuesta 2: Las potrancas son más grandes.

→ Respuesta 3: No hay diferencias de tamaño entre el potro y la potranca.

La talla de los adultos varía según las razas.
El falabella argentino, considerado un caballo
y no un poni, mide sólo 80 cm. El shire, caballo de tiro inglés
que pesa más de una tonelada, mide 1,80 m. Los potros
trabajarán según las características de su raza: fuertes o ágiles,
tranquilos o nerviosos, aprenderán a tirar de los carros,
a pasear a jinetes, a correr, a saltar obstáculos, a trabajar
en el circo o cubriendo trayectos.

**Este magnífico
caballo andaluz
ha necesitado muchos
años de entrenamiento
para realizar
esta hermosa figura.**

**Los potros de la Camarga francesa nacen oscuros. Al año, les nacen pelos
blancos en la cabeza. A los dos años, se vuelven uniformemente grises.
De adultos son completamente blancos.**

entre el potro y la potranca.

El caballo árabe ha sido criado desde hace más de mil años por los beduinos. Es una de las razas más antiguas y más bellas. Los sementales son utilizados a menudo para mejorar otras razas.

En otros tiempos, los caballos de tiro eran indispensables para trabajar los campos. Hoy día, tiran de carros de paseo. ¡Inteligentes y amables, los percherones se exportan a todo el mundo!

El caballo es un **mamífero**: eso quiere decir que la hembra amamanta sus crías. Pertenece al orden de los **herbívoros**: eso significa que se alimenta principalmente de hierba y de vegetales. Forma parte de la familia de los **equinos**: los animales que se parecen al caballo, como el poni, la cebra o el asno, también forman parte de esta familia. Su nombre científico es *Equus caballus*: todos los animales tienen un nombre científico (generalmente, en latín), que es comprendido y utilizado por la comunidad científica mundial. Las distintas razas de caballos han sido seleccionadas a lo largo de diez mil años por el clima: las regiones cálidas producen caballos grandes y elegantes; en cambio los caballos de las regiones frías son pequeños y fuertes. En las regiones secas, donde hay poca hierba, los caballos son esbeltos y ágiles; y son grandes y pesados en las regiones húmedas en las que abunda la hierba.

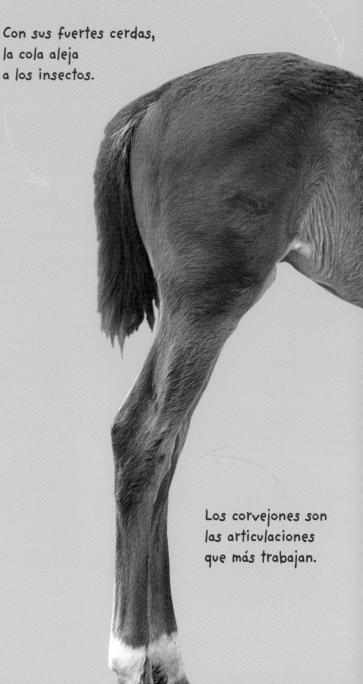

El pelaje se compone de pelos abatidos que se entrecruzan. Lo protege de la intemperie.

Con sus fuertes cerdas, la cola aleja a los insectos.

Las pestañas largas y espesas del potro protegen sus ojos del polvo y los insectos.

Los corvejones son las articulaciones que más trabajan.

Las orejas
de los potros
tienen gran movilidad.

La crin le protege
contra la intemperie
y le sirve para alejar
a los insectos.

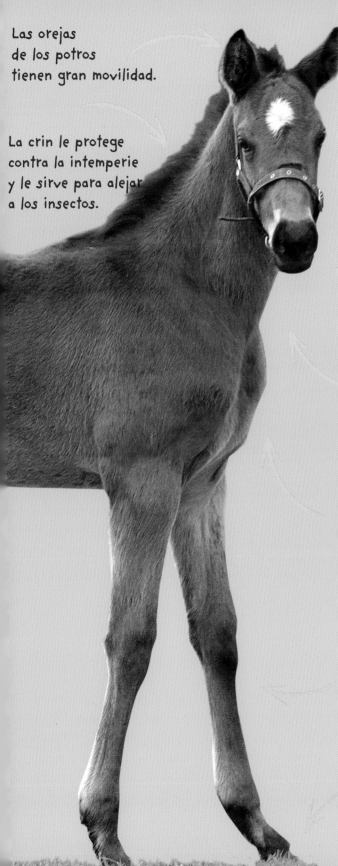

Hay muchas especies animales
y todas son distintas entre sí.
Para poder estudiarlas, los científicos
las han clasificado en función del
parecido de los animales y
de su forma de vivir.

Los pelos del hocico
les sirven para «sentir».

Las anchas narices del potro
permiten la entrada de una
gran cantidad de aire.

El cuello va de la nuca
a la crucera.

Las patas del potro
deben ser muy rectas.

La pezuña está constituida
por un solo dedo
recubierto de una capa
córnea muy dura.

EL POTRO

Títulos de la colección: